TRANZLATY

Η γλώσσα είναι για όλους

Language is for everyone

Η Πεντάμορφη και το Τέρας

Beauty and the Beast

Gabrielle-Suzanne Barbot de Villeneuve

ελληνικά / English

Copyright © 2025 Tranzlaty
All rights reserved
Published by Tranzlaty
ISBN: 978-1-83566-975-4
Original text by Gabrielle-Suzanne Barbot de Villeneuve
La Belle et la Bête
First published in French in 1740
Taken from The Blue Fairy Book (Andrew Lang)
Illustration by Walter Crane
www.tranzlaty.com

Κάποτε ήταν ένας πλούσιος έμπορος
There was once a rich merchant
αυτός ο πλούσιος έμπορος είχε έξι παιδιά
this rich merchant had six children
είχε τρεις γιους και τρεις κόρες
he had three sons and three daughters
δεν γλίτωσε κανένα κόστος για την εκπαίδευσή τους
he spared no cost for their education
γιατί ήταν άνθρωπος με λογική
because he was a man of sense
αλλά έδωσε στα παιδιά του πολλούς υπηρέτες
but he gave his children many servants
οι κόρες του ήταν εξαιρετικά όμορφες
his daughters were extremely pretty
και η μικρότερη κόρη του ήταν ιδιαίτερα όμορφη
and his youngest daughter was especially pretty
ως παιδί η ομορφιά της ήταν ήδη θαυμαστή
as a child her Beauty was already admired
και ο κόσμος την αποκαλούσε με την ομορφιά της
and the people called her by her Beauty
η ομορφιά της δεν έσβησε καθώς μεγάλωνε
her Beauty did not fade as she got older
έτσι ο κόσμος την αποκαλούσε με την ομορφιά της
so the people kept calling her by her Beauty
αυτό έκανε τις αδερφές της να ζηλεύουν πολύ
this made her sisters very jealous
οι δύο μεγαλύτερες κόρες είχαν μεγάλη υπερηφάνεια
the two eldest daughters had a great deal of pride
ο πλούτος τους ήταν η πηγή της υπερηφάνειάς τους
their wealth was the source of their pride
και δεν έκρυψαν ούτε την περηφάνια τους
and they didn't hide their pride either
δεν επισκέφτηκαν τις κόρες άλλων εμπόρων
they did not visit other merchants' daughters
γιατί συναντιούνται μόνο με την αριστοκρατία
because they only meet with aristocracy

έβγαιναν κάθε μέρα σε πάρτι
they went out every day to parties
μπάλες, θεατρικές παραστάσεις, συναυλίες και ούτω καθεξής
balls, plays, concerts, and so forth
και γέλασαν με τη μικρότερη αδερφή τους
and they laughed at their youngest sister
γιατί τον περισσότερο χρόνο της τον περνούσε διαβάζοντας
because she spent most of her time reading
ήταν γνωστό ότι ήταν πλούσιοι
it was well known that they were wealthy
έτσι αρκετοί επιφανείς έμποροι ζήτησαν το χέρι τους
so several eminent merchants asked for their hand
αλλά είπαν ότι δεν πρόκειται να παντρευτούν
but they said they were not going to marry
αλλά ήταν έτοιμοι να κάνουν κάποιες εξαιρέσεις
but they were prepared to make some exceptions
«Ίσως θα μπορούσα να παντρευτώ έναν Δούκα»
"perhaps I could marry a Duke"
«Υποθέτω ότι θα μπορούσα να παντρευτώ έναν κόμη»
"I guess I could marry an Earl"
Η ομορφιά ευχαρίστησε πολύ πολιτισμένα όσους της έκαναν πρόταση γάμου
Beauty very civilly thanked those that proposed to her
τους είπε ότι ήταν ακόμα πολύ μικρή για να παντρευτεί
she told them she was still too young to marry
ήθελε να μείνει μερικά χρόνια ακόμα με τον πατέρα της
she wanted to stay a few more years with her father
Μονομιάς ο έμπορος έχασε την περιουσία του
All at once the merchant lost his fortune
έχασε τα πάντα εκτός από ένα μικρό εξοχικό
he lost everything apart from a small country house
και είπε στα παιδιά του με δάκρυα στα μάτια:
and he told his children with tears in his eyes:
"Πρέπει να πάμε στην επαρχία"

"we must go to the countryside"
«Και πρέπει να δουλέψουμε για τη ζωή μας»
"and we must work for our living"
οι δύο μεγαλύτερες κόρες δεν ήθελαν να φύγουν από την πόλη
the two eldest daughters didn't want to leave the town
είχαν αρκετούς εραστές στην πόλη
they had several lovers in the city
και ήταν σίγουροι ότι ένας από τους εραστές τους θα τους παντρευόταν
and they were sure one of their lovers would marry them
νόμιζαν ότι οι εραστές τους θα τους παντρευόντουσαν ακόμη και χωρίς περιουσία
they thought their lovers would marry them even with no fortune
αλλά οι καλές κυρίες έκαναν λάθος
but the good ladies were mistaken
οι εραστές τους τα εγκατέλειψαν πολύ γρήγορα
their lovers abandoned them very quickly
γιατί δεν είχαν πια περιουσίες
because they had no fortunes any more
Αυτό έδειξε ότι δεν τους άρεσαν πραγματικά
this showed they were not actually well liked
όλοι είπαν ότι δεν τους αξίζει να τους λυπούνται
everybody said they do not deserve to be pitied
«Χαιρόμαστε που βλέπουμε την υπερηφάνεια τους να ταπεινώνεται»
"we are glad to see their pride humbled"
«Ας είναι περήφανοι που αρμέγουν αγελάδες»
"let them be proud of milking cows"
αλλά ανησυχούσαν για την ομορφιά
but they were concerned for Beauty
ήταν ένα τόσο γλυκό πλάσμα
she was such a sweet creature
μιλούσε τόσο ευγενικά στους φτωχούς ανθρώπους
she spoke so kindly to poor people

και ήταν τόσο αθώα
and she was of such an innocent nature
Θα την είχαν παντρευτεί αρκετοί κύριοι
Several gentlemen would have married her
θα την είχαν παντρευτεί κι ας ήταν φτωχή
they would have married her even though she was poor
αλλά τους είπε ότι δεν μπορούσε να τους παντρευτεί
but she told them she couldn't marry them
γιατί δεν θα άφηνε τον πατέρα της
because she would not leave her father
ήταν αποφασισμένη να πάει μαζί του στην εξοχή
she was determined to go with him to the countryside
για να μπορέσει να τον παρηγορήσει και να τον βοηθήσει
so that she could comfort and help him
Η φτωχή ομορφιά στην αρχή λυπήθηκε πολύ
Poor Beauty was very grieved at first
λυπήθηκε για την απώλεια της περιουσίας της
she was grieved by the loss of her fortune
"αλλά το κλάμα δεν θα αλλάξει την τύχη μου"
"but crying won't change my fortunes"
«Πρέπει να προσπαθήσω να κάνω τον εαυτό μου ευτυχισμένο χωρίς πλούτη»
"I must try to make myself happy without wealth"
ήρθαν στο εξοχικό τους
they came to their country house
και ο έμπορος και οι τρεις γιοι του ασχολήθηκαν με την κτηνοτροφία
and the merchant and his three sons applied themselves to husbandry
η ομορφιά ανέβηκε στις τέσσερις το πρωί
Beauty rose at four in the morning
κι εκείνη έσπευσε να καθαρίσει το σπίτι
and she hurried to clean the house
και φρόντισε να είναι έτοιμο το δείπνο
and she made sure dinner was ready

στην αρχή βρήκε τη νέα της ζωή πολύ δύσκολη
in the beginning she found her new life very difficult
γιατί δεν είχε συνηθίσει σε τέτοια δουλειά
because she had not been used to such work
αλλά σε λιγότερο από δύο μήνες δυνάμωσε
but in less than two months she grew stronger
και ήταν πιο υγιής από ποτέ
and she was healthier than ever before
αφού είχε κάνει τη δουλειά της διάβασε
after she had done her work she read
έπαιζε στο τσέμπαλο
she played on the harpsichord
ή τραγουδούσε ενώ κλωσούσε μετάξι
or she sung whilst she spun silk
αντίθετα οι δύο αδερφές της δεν ήξεραν πώς να περνούν την ώρα τους
on the contrary, her two sisters did not know how to spend their time
σηκώθηκαν στις δέκα και δεν έκαναν τίποτα άλλο από το να τεμπελιάζουν όλη μέρα
they got up at ten and did nothing but laze about all day
θρηνούσαν για την απώλεια των καλών ρούχων τους
they lamented the loss of their fine clothes
και παραπονέθηκαν ότι έχασαν τους γνωστούς τους
and they complained about losing their acquaintances
«Ρίξτε μια ματιά στη μικρότερη αδερφή μας», είπαν μεταξύ τους
"Have a look at our youngest sister," they said to each other
"Τι φτωχό και ανόητο πλάσμα είναι"
"what a poor and stupid creature she is"
"είναι κακό να αρκεστείς σε τόσο λίγα"
"it is mean to be content with so little"
ο ευγενικός έμπορος είχε εντελώς διαφορετική γνώμη
the kind merchant was of quite a different opinion
ήξερε πολύ καλά ότι η ομορφιά ξεπέρασε τις αδερφές της

he knew very well that Beauty outshone her sisters
τους ξεπέρασε τόσο στο χαρακτήρα όσο και στο μυαλό
she outshone them in character as well as mind
θαύμαζε την ταπεινοφροσύνη και τη σκληρή δουλειά της
he admired her humility and her hard work
αλλά περισσότερο από όλα θαύμαζε την υπομονή της
but most of all he admired her patience
οι αδερφές της της άφησαν όλη τη δουλειά
her sisters left her all the work to do
και την έβριζαν κάθε στιγμή
and they insulted her every moment
Η οικογένεια είχε ζήσει έτσι για περίπου ένα χρόνο
The family had lived like this for about a year
τότε ο έμπορος πήρε ένα γράμμα από έναν λογιστή
then the merchant got a letter from an accountant
είχε μια επένδυση σε ένα πλοίο
he had an investment in a ship
και το πλοίο είχε φτάσει με ασφάλεια
and the ship had safely arrived
Τα νέα του γύρισαν τα κεφάλια των δύο μεγαλύτερων κορών
this news turned the heads of the two eldest daughters
είχαν αμέσως ελπίδες να επιστρέψουν στην πόλη
they immediately had hopes of returning to town
γιατί ήταν αρκετά κουρασμένοι από τη ζωή της επαρχίας
because they were quite weary of country life
πήγαν στον πατέρα τους καθώς έφευγε
they went to their father as he was leaving
τον παρακάλεσαν να τους αγοράσει καινούργια ρούχα
they begged him to buy them new clothes
φορέματα, κορδέλες και κάθε λογής μικροπράγματα
dresses, ribbons, and all sorts of little things
αλλά η ομορφιά δεν ζήτησε τίποτα
but Beauty asked for nothing

γιατί πίστευε ότι τα χρήματα δεν επρόκειτο να είναι αρκετά
because she thought the money wasn't going to be enough
δεν θα ήταν αρκετό για να αγοράσει όλα όσα ήθελαν οι αδερφές της
there wouldn't be enough to buy everything her sisters wanted
«Τι θα ήθελες, ομορφιά;» ρώτησε ο πατέρας της
"What would you like, Beauty?" asked her father
«Σε ευχαριστώ, πατέρα, για την καλοσύνη να με σκέφτεσαι», είπε
"thank you, father, for the goodness to think of me," she said
"Πατέρα, να είσαι τόσο ευγενικός να μου φέρεις ένα τριαντάφυλλο"
"father, be so kind as to bring me a rose"
"γιατί δεν φυτρώνουν τριαντάφυλλα εδώ στον κήπο"
"because no roses grow here in the garden"
"και τα τριαντάφυλλα είναι ένα είδος σπανιότητας"
"and roses are a kind of rarity"
η ομορφιά δεν νοιαζόταν πραγματικά για τα τριαντάφυλλα
Beauty didn't really care for roses
ζήτησε μόνο κάτι για να μην καταδικάσει τις αδερφές της
she only asked for something not to condemn her sisters
αλλά οι αδερφές της νόμιζαν ότι ζήτησε τριαντάφυλλα για άλλους λόγους
but her sisters thought she asked for roses for other reasons
"Το έκανε για να φαίνεται ιδιαίτερο"
"she did it just to look particular"
Ο ευγενικός άνθρωπος πήγε στο ταξίδι του
The kind man went on his journey
αλλά όταν έφτασε μάλωναν για το εμπόρευμα
but when he arrived they argued about the merchandise
και μετά από πολύ κόπο γύρισε φτωχός όπως πριν
and after a lot of trouble he came back as poor as before

ήταν μέσα σε λίγες ώρες από το σπίτι του
he was within a couple of hours of his own house
και φαντάστηκε ήδη τη χαρά που έβλεπε τα παιδιά του
and he already imagined the joy of seeing his children
αλλά περνώντας μέσα από το δάσος χάθηκε
but when going through forest he got lost
έβρεχε και χιόνιζε τρομερά
it rained and snowed terribly
ο αέρας ήταν τόσο δυνατός που τον πέταξε από το άλογό του
the wind was so strong it threw him off his horse
και η νύχτα ερχόταν γρήγορα
and night was coming quickly
άρχισε να σκέφτεται ότι μπορεί να πεινάει
he began to think that he might starve
και σκέφτηκε ότι μπορεί να παγώσει μέχρι θανάτου
and he thought that he might freeze to death
και σκέφτηκε ότι μπορεί να τον φάνε οι λύκοι
and he thought wolves may eat him
οι λύκοι που άκουγε να ουρλιάζουν γύρω του
the wolves that he heard howling all round him
αλλά ξαφνικά είδε ένα φως
but all of a sudden he saw a light
είδε το φως από μακριά μέσα από τα δέντρα
he saw the light at a distance through the trees
όταν πλησίασε είδε ότι το φως ήταν ένα παλάτι
when he got closer he saw the light was a palace
το παλάτι ήταν φωτισμένο από πάνω μέχρι κάτω
the palace was illuminated from top to bottom
ο έμπορος ευχαρίστησε τον Θεό για την τύχη του
the merchant thanked God for his luck
και έσπευσε στο παλάτι
and he hurried to the palace
αλλά έμεινε έκπληκτος που δεν είδε κανέναν κόσμο στο παλάτι
but he was surprised to see no people in the palace

η αυλή του δικαστηρίου ήταν εντελώς άδεια
the court yard was completely empty
και δεν υπήρχε πουθενά σημάδι ζωής
and there was no sign of life anywhere
το άλογό του τον ακολούθησε στο παλάτι
his horse followed him into the palace
και τότε το άλογό του βρήκε μεγάλο στάβλο
and then his horse found large stable
το καημένο ζώο είχε σχεδόν πεινάσει
the poor animal was almost famished
έτσι το άλογό του μπήκε να βρει σανό και βρώμη
so his horse went in to find hay and oats
ευτυχώς βρήκε πολλά να φάει
fortunately he found plenty to eat
και ο έμπορος έδεσε το άλογό του στη φάτνη
and the merchant tied his horse up to the manger
Προχωρώντας προς το σπίτι δεν είδε κανέναν
walking towards the house he saw no one
αλλά σε μια μεγάλη αίθουσα βρήκε μια καλή φωτιά
but in a large hall he found a good fire
και βρήκε ένα τραπέζι στρωμένο για έναν
and he found a table set for one
ήταν βρεγμένος από τη βροχή και το χιόνι
he was wet from the rain and snow
έτσι πήγε κοντά στη φωτιά να στεγνώσει
so he went near the fire to dry himself
«Ελπίζω ο κύριος του σπιτιού να με συγχωρέσει»
"I hope the master of the house will excuse me"
«Υποθέτω ότι δεν θα αργήσει να εμφανιστεί κάποιος»
"I suppose it won't take long for someone to appear"
Περίμενε αρκετή ώρα
He waited a considerable time
περίμενε μέχρι να χτυπήσει έντεκα, και ακόμα κανείς δεν ήρθε
he waited until it struck eleven, and still nobody came
επιτέλους ήταν τόσο πεινασμένος που δεν μπορούσε να

περιμένει άλλο
at last he was so hungry that he could wait no longer
πήρε λίγο κοτόπουλο και το έφαγε σε δύο μπουκιές
he took some chicken and ate it in two mouthfuls
έτρεμε ενώ έτρωγε το φαγητό
he was trembling while eating the food
μετά από αυτό ήπιε μερικά ποτήρια κρασί
after this he drank a few glasses of wine
όλο και πιο θαρραλέος βγήκε από την αίθουσα
growing more courageous he went out of the hall
και διέσχισε πολλές μεγάλες αίθουσες
and he crossed through several grand halls
περπάτησε μέσα από το παλάτι μέχρι που μπήκε σε μια κάμαρα
he walked through the palace until he came into a chamber
ένας θάλαμος που είχε ένα πολύ καλό κρεβάτι μέσα του
a chamber which had an exceeding good bed in it
ήταν πολύ κουρασμένος από τη δοκιμασία του
he was very much fatigued from his ordeal
και η ώρα ήταν ήδη μεσάνυχτα
and the time was already past midnight
οπότε αποφάσισε ότι ήταν καλύτερο να κλείσει την πόρτα
so he decided it was best to shut the door
και κατέληξε στο συμπέρασμα ότι έπρεπε να πάει για ύπνο
and he concluded he should go to bed
Ήταν δέκα το πρωί όταν ξύπνησε ο έμπορος
It was ten in the morning when the merchant woke up
την ώρα που επρόκειτο να σηκωθεί είδε κάτι
just as he was going to rise he saw something
έμεινε έκπληκτος βλέποντας ένα καθαρό σετ ρούχων
he was astonished to see a clean set of clothes
στο μέρος που είχε αφήσει τα βρώμικα ρούχα του
in the place where he had left his dirty clothes
"Σίγουρα αυτό το παλάτι ανήκει σε κάποια ευγενική

νεράιδα"
"certainly this palace belongs to some kind fairy"
" Μια νεράιδα που με είδε και με λυπήθηκε"
"a fairy who has seen and pitied me"
κοίταξε από ένα παράθυρο
he looked through a window
αλλά αντί για χιόνι είδε τον πιο απολαυστικό κήπο
but instead of snow he saw the most delightful garden
και στον κήπο υπήρχαν τα πιο όμορφα τριαντάφυλλα
and in the garden were the most beautiful roses
μετά επέστρεψε στη μεγάλη αίθουσα
he then returned to the great hall
το χολ όπου είχε πιει σούπα το προηγούμενο βράδυ
the hall where he had had soup the night before
και βρήκε λίγη σοκολάτα σε ένα τραπεζάκι
and he found some chocolate on a little table
«Ευχαριστώ, καλή κυρία Νεράιδα», είπε δυνατά
"Thank you, good Madam Fairy," he said aloud
"Ευχαριστώ που νοιάζεσαι"
"thank you for being so caring"
«Σας είμαι εξαιρετικά υπόχρεος για όλες τις χάρες σας»
"I am extremely obliged to you for all your favours"
ο ευγενικός άντρας ήπιε τη σοκολάτα του
the kind man drank his chocolate
και μετά πήγε να ψάξει το άλογό του
and then he went to look for his horse
αλλά στον κήπο θυμήθηκε το αίτημα της ομορφιάς
but in the garden he remembered Beauty's request
και έκοψε ένα κλαδί από τριαντάφυλλα
and he cut off a branch of roses
αμέσως άκουσε έναν μεγάλο θόρυβο
immediately he heard a great noise
και είδε ένα τρομερά τρομακτικό θηρίο
and he saw a terribly frightful Beast
ήταν τόσο φοβισμένος που ήταν έτοιμος να λιποθυμήσει

he was so scared that he was ready to faint
«Είσαι πολύ αχάριστος», του είπε το θηρίο
"You are very ungrateful," said the Beast to him
και το θηρίο μίλησε με τρομερή φωνή
and the Beast spoke in a terrible voice
«Σου έσωσα τη ζωή επιτρέποντάς σε να μπεις στο κάστρο μου»
"I have saved your life by allowing you into my castle"
"Και για αυτό μου κλέβεις τα τριαντάφυλλα σε αντάλλαγμα;"
"and for this you steal my roses in return?"
"Τα τριαντάφυλλα που εκτιμώ πέρα από οτιδήποτε άλλο"
"The roses which I value beyond anything"
"αλλά θα πεθάνεις για αυτό που έκανες"
"but you shall die for what you've done"
«Σου δίνω μόνο ένα τέταρτο για να προετοιμαστείς»
"I give you but a quarter of an hour to prepare yourself"
«Ετοιμαστείτε για θάνατο και κάντε τις προσευχές σας»
"get yourself ready for death and say your prayers"
ο έμπορος έπεσε στα γόνατα
the merchant fell on his knees
και σήκωσε και τα δύο του χέρια
and he lifted up both his hands
«Κύριέ μου, σε παρακαλώ να με συγχωρέσεις»
"My lord, I beseech you to forgive me"
«Δεν είχα σκοπό να σε προσβάλω»
"I had no intention of offending you"
«Μάζεψα ένα τριαντάφυλλο για μια από τις κόρες μου»
"I gathered a rose for one of my daughters"
"Μου ζήτησε να της φέρω ένα τριαντάφυλλο"
"she asked me to bring her a rose"
«Δεν είμαι ο κύριος σου, αλλά είμαι θηρίο», απάντησε το τέρας
"I am not your lord, but I am a Beast," replied the monster
«Δεν μου αρέσουν τα κομπλιμέντα»

"I don't love compliments"
«Μου αρέσουν οι άνθρωποι που μιλούν όπως νομίζουν»
"I like people who speak as they think"
«Μη φανταστείς ότι μπορεί να με συγκινήσει η κολακεία»
"do not imagine I can be moved by flattery"
«Μα λες ότι έχεις κόρες»
"But you say you have got daughters"
«Θα σε συγχωρήσω με έναν όρο»
"I will forgive you on one condition"
«Μια από τις κόρες σου πρέπει να έρθει στο παλάτι μου πρόθυμα»
"one of your daughters must come to my palace willingly"
"και πρέπει να υποφέρει για σένα"
"and she must suffer for you"
«Άσε με να πω τον λόγο σου»
"Let me have your word"
"και μετά μπορείς να ασχοληθείς με την επιχείρησή σου"
"and then you can go about your business"
«Υπόσχεσέ μου το εξής:»
"Promise me this:"
«Αν η κόρη σου αρνηθεί να πεθάνει για σένα, πρέπει να επιστρέψεις μέσα σε τρεις μήνες»
"if your daughter refuses to die for you, you must return within three months"
ο έμπορος δεν είχε καμία πρόθεση να θυσιάσει τις κόρες του
the merchant had no intentions to sacrifice his daughters
αλλά, αφού του δόθηκε χρόνος, ήθελε να δει ξανά τις κόρες του
but, since he was given time, he wanted to see his daughters once more
οπότε υποσχέθηκε ότι θα επέστρεφε
so he promised he would return
και το θηρίο του είπε ότι μπορεί να ξεκινήσει όταν ήθελε

and the Beast told him he might set out when he pleased
και το θηρίο του είπε κάτι ακόμα
and the Beast told him one more thing
«Δεν θα φύγεις με άδεια χέρια»
"you shall not depart empty handed"
"πήγαινε πίσω στο δωμάτιο που ξαπλώνεις"
"go back to the room where you lay"
"Θα δείτε ένα μεγάλο άδειο σεντούκι θησαυρού"
"you will see a great empty treasure chest"
"γεμίστε το σεντούκι με ό,τι σας αρέσει περισσότερο"
"fill the treasure chest with whatever you like best"
"και θα στείλω το σεντούκι στο σπίτι σου"
"and I will send the treasure chest to your home"
και την ίδια στιγμή το θηρίο αποσύρθηκε
and at the same time the Beast withdrew
«Λοιπόν», είπε μέσα του ο καλός
"Well," said the good man to himself
«Αν πρέπει να πεθάνω, τουλάχιστον θα αφήσω κάτι στα παιδιά μου»
"if I must die, I shall at least leave something to my children"
έτσι επέστρεψε στην κρεβατοκάμαρα
so he returned to the bedchamber
και βρήκε πάρα πολλά κομμάτια χρυσού
and he found a great many pieces of gold
γέμισε το σεντούκι του θησαυρού που είχε αναφέρει το θηρίο
he filled the treasure chest the Beast had mentioned
και έβγαλε το άλογό του από τον στάβλο
and he took his horse out of the stable
η χαρά που ένιωθε μπαίνοντας στο παλάτι ήταν πλέον ίση με τη θλίψη που ένιωθε φεύγοντας από αυτό
the joy he felt when entering the palace was now equal to the grief he felt leaving it
το άλογο πήρε έναν από τους δρόμους του δάσους
the horse took one of the roads of the forest
και σε λίγες ώρες ο καλός ήταν σπίτι

and in a few hours the good man was home
ήρθαν κοντά του τα παιδιά του
his children came to him
αλλά αντί να δεχτεί τις αγκαλιές τους με ευχαρίστηση, τους κοίταξε
but instead of receiving their embraces with pleasure, he looked at them
κράτησε ψηλά το κλαδί που είχε στα χέρια του
he held up the branch he had in his hands
και μετά ξέσπασε σε κλάματα
and then he burst into tears
"Ομορφιά", είπε, "παρακαλώ πάρτε αυτά τα τριαντάφυλλα"
"Beauty," he said, "please take these roses"
"Δεν μπορείς να ξέρεις πόσο ακριβά είναι αυτά τα τριαντάφυλλα"
"you can't know how costly these roses have been"
«Αυτά τα τριαντάφυλλα κόστισαν τη ζωή του πατέρα σου»
"these roses have cost your father his life"
και μετά είπε για τη μοιραία του περιπέτεια
and then he told of his fatal adventure
αμέσως φώναξαν οι δύο μεγαλύτερες αδερφές
immediately the two eldest sisters cried out
και είπαν πολλά κακά πράγματα στην όμορφη αδερφή τους
and they said many mean things to their beautiful sister
αλλά η ομορφιά δεν έκλαψε καθόλου
but Beauty did not cry at all
«Κοίτα την περηφάνια αυτού του μικρού άθλιου», είπαν
"Look at the pride of that little wretch," said they
«Δεν ζήτησε ωραία ρούχα»
"she did not ask for fine clothes"
«Έπρεπε να είχε κάνει αυτό που κάναμε»
"she should have done what we did"
«Ήθελε να ξεχωρίσει»

"she wanted to distinguish herself"
"Έτσι τώρα θα είναι ο θάνατος του πατέρα μας"
"so now she will be the death of our father"
«Κι όμως δεν χύνει ούτε ένα δάκρυ»
"and yet she does not shed a tear"
«Γιατί να κλάψω;» απάντησε η ομορφιά
"Why should I cry?" answered Beauty
"Το κλάμα θα ήταν πολύ περιττό"
"crying would be very needless"
«Ο πατέρας μου δεν θα υποφέρει για μένα»
"my father will not suffer for me"
"Το τέρας θα δεχτεί μια από τις κόρες του"
"the monster will accept of one of his daughters"
«Θα προσφερθώ σε όλη του την οργή»
"I will offer myself up to all his fury"
«Είμαι πολύ χαρούμενος, γιατί ο θάνατός μου θα σώσει τη ζωή του πατέρα μου»
"I am very happy, because my death will save my father's life"
"Ο θάνατός μου θα είναι απόδειξη της αγάπης μου"
"my death will be a proof of my love"
«Όχι, αδερφή», είπαν τα τρία αδέρφια της
"No, sister," said her three brothers
"αυτό δεν θα είναι"
"that shall not be"
«Θα πάμε να βρούμε το τέρας»
"we will go find the monster"
«Και ή θα τον σκοτώσουμε...»
"and either we will kill him..."
«... αλλιώς θα χαθούμε στην προσπάθεια»
"... or we will perish in the attempt"
«Μη φανταστείτε κάτι τέτοιο, γιοι μου», είπε ο έμπορος
"Do not imagine any such thing, my sons," said the merchant
"Η δύναμη του θηρίου είναι τόσο μεγάλη που δεν έχω καμία ελπίδα ότι θα μπορούσες να τον ξεπεράσεις"
"the Beast's power is so great that I have no hope you could overcome him"

«Μαγεύομαι με την ευγενική και γενναιόδωρη προσφορά της ομορφιάς»
"I am charmed with Beauty's kind and generous offer"
«αλλά δεν μπορώ να δεχτώ τη γενναιοδωρία της»
"but I cannot accept to her generosity"
«Είμαι μεγάλος και δεν έχω πολύ να ζήσω»
"I am old, and I don't have long to live"
"έτσι μπορώ να χάσω μόνο μερικά χρόνια"
"so I can only loose a few years"
«Χρόνος που μετανιώνω για εσάς, αγαπητά μου παιδιά»
"time which I regret for you, my dear children"
«Μα πατέρα», είπε η καλλονή
"But father," said Beauty
"Δεν θα πας στο παλάτι χωρίς εμένα"
"you shall not go to the palace without me"
"Δεν μπορείς να με εμποδίσεις να σε ακολουθήσω"
"you cannot stop me from following you"
τίποτα δεν θα μπορούσε να πείσει την ομορφιά για το αντίθετο
nothing could convince Beauty otherwise
επέμενε να πάει στο ωραίο παλάτι
she insisted on going to the fine palace
και οι αδερφές της χάρηκαν με την επιμονή της
and her sisters were delighted at her insistence
Ο έμπορος ανησυχούσε στη σκέψη ότι θα χάσει την κόρη του
The merchant was worried at the thought of losing his daughter
ήταν τόσο ανήσυχος που είχε ξεχάσει το σεντούκι γεμάτο χρυσάφι
he was so worried that he had forgotten about the chest full of gold
το βράδυ αποσύρθηκε για να ξεκουραστεί και έκλεισε την πόρτα του θαλάμου του
at night he retired to rest, and he shut his chamber door
τότε, προς μεγάλη του έκπληξη, βρήκε τον θησαυρό

δίπλα στο κρεβάτι του
then, to his great astonishment, he found the treasure by his bedside
ήταν αποφασισμένος να μην το πει στα παιδιά του
he was determined not to tell his children
αν ήξεραν, θα ήθελαν να επιστρέψουν στην πόλη
if they knew, they would have wanted to return to town
και αποφάσισε να μην εγκαταλείψει την ύπαιθρο
and he was resolved not to leave the countryside
αλλά εμπιστεύτηκε την ομορφιά με το μυστικό
but he trusted Beauty with the secret
τον ενημέρωσε ότι είχαν έρθει δύο κύριοι
she informed him that two gentlemen had came
και έκαναν προτάσεις στις αδερφές της
and they made proposals to her sisters
παρακάλεσε τον πατέρα της να συναινέσει στο γάμο τους
she begged her father to consent to their marriage
και του ζήτησε να τους δώσει λίγη από την περιουσία του
and she asked him to give them some of his fortune
τους είχε ήδη συγχωρήσει
she had already forgiven them
τα πονηρά πλάσματα έτριβαν τα μάτια τους με κρεμμύδια
the wicked creatures rubbed their eyes with onions
για να ζορίσουν μερικά δάκρυα όταν χώρισαν με την αδερφή τους
to force some tears when they parted with their sister
αλλά τα αδέρφια της ανησυχούσαν πραγματικά
but her brothers really were concerned
η ομορφιά ήταν η μόνη που δεν έχυσε κανένα δάκρυ
Beauty was the only one who did not shed any tears
δεν ήθελε να αυξήσει την ανησυχία τους
she did not want to increase their uneasiness
το άλογο πήρε τον άμεσο δρόμο για το παλάτι

the horse took the direct road to the palace
και προς το βράδυ είδαν το φωτισμένο παλάτι
and towards evening they saw the illuminated palace
το άλογο ξαναπήγε στον στάβλο
the horse took himself into the stable again
και ο καλός άνθρωπος και η κόρη του πήγαν στη μεγάλη αίθουσα
and the good man and his daughter went into the great hall
εδώ βρήκαν ένα τραπέζι που σερβίρεται υπέροχα
here they found a table splendidly served up
ο έμπορος δεν είχε όρεξη να φάει
the merchant had no appetite to eat
αλλά η ομορφιά προσπαθούσε να φαίνεται χαρούμενη
but Beauty endeavoured to appear cheerful
κάθισε στο τραπέζι και βοήθησε τον πατέρα της
she sat down at the table and helped her father
αλλά σκέφτηκε και από μέσα της:
but she also thought to herself:
"Το θηρίο θέλει σίγουρα να με παχύνει πριν με φάει"
"Beast surely wants to fatten me before he eats me"
"γι' αυτό παρέχει τόσο άφθονη ψυχαγωγία"
"that is why he provides such plentiful entertainment"
αφού έφαγαν άκουσαν έναν μεγάλο θόρυβο
after they had eaten they heard a great noise
και ο έμπορος αποχαιρέτησε το άτυχο παιδί του, με δάκρυα στα μάτια
and the merchant bid his unfortunate child farewell, with tears in his eyes
γιατί ήξερε ότι το θηρίο ερχόταν
because he knew the Beast was coming
η ομορφιά τρομοκρατήθηκε με την φρικτή μορφή του
Beauty was terrified at his horrid form
αλλά πήρε κουράγιο όσο καλύτερα μπορούσε
but she took courage as well as she could
και το τέρας τη ρώτησε αν ήρθε πρόθυμα
and the monster asked her if she came willingly

«Ναι, ήρθα πρόθυμα», είπε τρέμοντας
"yes, I have come willingly," she said trembling
το θηρίο απάντησε: "Είσαι πολύ καλός"
the Beast responded, "You are very good"
«Και είμαι πολύ υποχρεωμένος απέναντί σου• τίμιος άνθρωπος»
"and I am greatly obliged to you; honest man"
"πήγαινε αύριο το πρωί"
"go your ways tomorrow morning"
"αλλά ποτέ μην σκεφτείς να έρθω ξανά εδώ"
"but never think of coming here again"
«Αντίο ομορφιά, αντίο κτήνος», απάντησε
"Farewell Beauty, farewell Beast," he answered
και αμέσως το τέρας αποσύρθηκε
and immediately the monster withdrew
«Ω, κόρη», είπε ο έμπορος
"Oh, daughter," said the merchant
και αγκάλιασε για άλλη μια φορά την κόρη του
and he embraced his daughter once more
«Είμαι σχεδόν φοβισμένος μέχρι θανάτου»
"I am almost frightened to death"
"Πίστεψέ με, καλύτερα να γυρίσεις πίσω"
"believe me, you had better go back"
«Άσε με να μείνω εδώ, αντί για σένα»
"let me stay here, instead of you"
«Όχι, πατέρα», είπε η ομορφιά, με αποφασιστικό τόνο
"No, father," said Beauty, in a resolute tone
"θα ξεκινήσετε αύριο το πρωί"
"you shall set out tomorrow morning"
«Αφήστε με στη φροντίδα και την προστασία της πρόνοιας»
"leave me to the care and protection of providence"
παρόλα αυτά πήγαν για ύπνο
nonetheless they went to bed
νόμιζαν ότι δεν θα έκλειναν τα μάτια τους όλη τη νύχτα
they thought they would not close their eyes all night

αλλά όπως ξάπλωσαν κοιμήθηκαν
but just as they lay down they slept
Η ομορφιά ονειρευόταν μια ωραία κυρία ήρθε και της είπε:
Beauty dreamed a fine lady came and said to her:
«Είμαι ικανοποιημένος, ομορφιά, με την καλή σου θέληση»
"I am content, Beauty, with your good will"
«Αυτή η καλή πράξη σου δεν θα μείνει απαράμιλλη»
"this good action of yours shall not go unrewarded"
Η ομορφιά ξύπνησε και είπε στον πατέρα της το όνειρό της
Beauty waked and told her father her dream
το όνειρο τον βοήθησε να τον παρηγορήσει λίγο
the dream helped to comfort him a little
αλλά δεν μπορούσε να μην κλάψει πικρά καθώς έφευγε
but he could not help crying bitterly as he was leaving
μόλις έφυγε, η ομορφιά κάθισε στη μεγάλη αίθουσα και έκλαψε κι αυτή
as soon as he was gone, Beauty sat down in the great hall and cried too
αλλά αποφάσισε να μην είναι άβολη
but she resolved not to be uneasy
αποφάσισε να είναι δυνατή για τον λίγο χρόνο που της είχε απομείνει για να ζήσει
she decided to be strong for the little time she had left to live
γιατί πίστευε ακράδαντα ότι το θηρίο θα την έτρωγε
because she firmly believed the Beast would eat her
ωστόσο, σκέφτηκε ότι θα μπορούσε κάλλιστα να εξερευνήσει το παλάτι
however, she thought she might as well explore the palace
και ήθελε να δει το ωραίο κάστρο
and she wanted to view the fine castle
ένα κάστρο που δεν μπορούσε να μην θαυμάσει
a castle which she could not help admiring
ήταν ένα απολαυστικά ευχάριστο παλάτι

it was a delightfully pleasant palace
και ξαφνιάστηκε πολύ βλέποντας μια πόρτα
and she was extremely surprised at seeing a door
και πάνω από την πόρτα έγραφε ότι ήταν το δωμάτιό της
and over the door was written that it was her room
άνοιξε την πόρτα βιαστικά
she opened the door hastily
και ήταν αρκετά έκθαμβη με τη μεγαλοπρέπεια του δωματίου
and she was quite dazzled with the magnificence of the room
αυτό που τράβηξε κυρίως την προσοχή της ήταν μια μεγάλη βιβλιοθήκη
what chiefly took up her attention was a large library
ένα τσέμπαλο και πολλά μουσικά βιβλία
a harpsichord and several music books
«Λοιπόν», είπε μέσα της
"Well," said she to herself
"Βλέπω ότι το θηρίο δεν θα αφήσει τον χρόνο μου να κρεμάσει βαρύ"
"I see the Beast will not let my time hang heavy"
μετά σκέφτηκε τον εαυτό της για την κατάστασή της
then she reflected to herself about her situation
«Αν ήταν γραφτό να μείνω μια μέρα, όλα αυτά δεν θα ήταν εδώ»
"If I was meant to stay a day all this would not be here"
αυτή η σκέψη της ενέπνευσε νέο θάρρος
this consideration inspired her with fresh courage
και πήρε ένα βιβλίο από τη νέα της βιβλιοθήκη
and she took a book from her new library
και διάβασε αυτά τα λόγια με χρυσά γράμματα:
and she read these words in golden letters:
"Καλώς ήρθες ομορφιά, διώξε τον φόβο"
"Welcome Beauty, banish fear"
«Είσαι βασίλισσα και ερωμένη εδώ»
"You are queen and mistress here"

«Πείτε τις επιθυμίες σας, πείτε τη θέλησή σας»
"Speak your wishes, speak your will"
"Η γρήγορη υπακοή ικανοποιεί τις επιθυμίες σας εδώ"
"Swift obedience meets your wishes here"
«Αλίμονο», είπε εκείνη αναστενάζοντας
"Alas," said she, with a sigh
«Πάνω από όλα θέλω να δω τον φτωχό πατέρα μου»
"Most of all I wish to see my poor father"
«Και θα ήθελα να μάθω τι κάνει»
"and I would like to know what he is doing"
Μόλις το είπε αυτό, παρατήρησε τον καθρέφτη
As soon as she had said this she noticed the mirror
προς μεγάλη της έκπληξη είδε το δικό της σπίτι στον καθρέφτη
to her great amazement she saw her own home in the mirror
ο πατέρας της έφτασε συναισθηματικά εξαντλημένος
her father arrived emotionally exhausted
οι αδερφές της πήγαν να τον συναντήσουν
her sisters went to meet him
παρά τις προσπάθειές τους να φανούν λυπημένοι, η χαρά τους ήταν ορατή
despite their attempts to appear sorrowful, their joy was visible
μια στιγμή αργότερα όλα εξαφανίστηκαν
a moment later everything disappeared
και οι φοβίες της ομορφιάς εξαφανίστηκαν επίσης
and Beauty's apprehensions disappeared too
γιατί ήξερε ότι μπορούσε να εμπιστευτεί το θηρίο
for she knew she could trust the Beast
Το μεσημέρι βρήκε έτοιμο το δείπνο
At noon she found dinner ready
κάθισε η ίδια στο τραπέζι
she sat herself down at the table
και διασκέδασε με μια συναυλία μουσικής
and she was entertained with a concert of music
αν και δεν μπορούσε να δει κανέναν

although she couldn't see anybody
το βράδυ κάθισε πάλι για δείπνο
at night she sat down for supper again
αυτή τη φορά άκουσε τον θόρυβο που έκανε το θηρίο
this time she heard the noise the Beast made
και δεν μπορούσε να μην είναι τρομοκρατημένη
and she could not help being terrified
«Ομορφιά», είπε το τέρας
"Beauty," said the monster
"Μου επιτρέπεις να φάω μαζί σου;"
"do you allow me to eat with you?"
«Κάνε ό,τι θέλεις», απάντησε η ομορφιά τρέμοντας
"do as you please," Beauty answered trembling
«Όχι», απάντησε το θηρίο
"No," replied the Beast
"Εσύ είσαι ερωμένη εδώ"
"you alone are mistress here"
"Μπορείς να με διώξεις αν είμαι ενοχλητικός"
"you can send me away if I'm troublesome"
«Στείλτε με και θα αποσυρθώ αμέσως»
"send me away and I will immediately withdraw"
«Μα, πες μου• δεν νομίζεις ότι είμαι πολύ άσχημος;»
"But, tell me; do you not think I am very ugly?"
«Αυτό είναι αλήθεια», είπε η καλλονή
"That is true," said Beauty
«Δεν μπορώ να πω ψέματα»
"I cannot tell a lie"
"αλλά πιστεύω ότι είσαι πολύ καλός"
"but I believe you are very good natured"
«Είμαι πράγματι», είπε το τέρας
"I am indeed," said the monster
«Μα εκτός από την ασχήμια μου, δεν έχω και λογική»
"But apart from my ugliness, I also have no sense"
«Ξέρω πολύ καλά ότι είμαι ένα ανόητο πλάσμα»
"I know very well that I am a silly creature"
«Δεν είναι σημάδι ανοησίας να το πιστεύεις», απάντησε

η καλλονή
"It is no sign of folly to think so," replied Beauty
«Φάε τότε, ομορφιά», είπε το τέρας
"Eat then, Beauty," said the monster
"προσπάθησε να διασκεδάσεις στο παλάτι σου"
"try to amuse yourself in your palace"
"όλα εδώ είναι δικά σου"
"everything here is yours"
«Και θα ήμουν πολύ άβολα αν δεν ήσουν ευχαριστημένος»
"and I would be very uneasy if you were not happy"
«Είσαι πολύ υποχρεωμένη», απάντησε η ομορφιά
"You are very obliging," answered Beauty
«Ομολογώ ότι είμαι ευχαριστημένος με την καλοσύνη σου»
"I admit I am pleased with your kindness"
"Και όταν σκέφτομαι την καλοσύνη σου, δεν παρατηρώ σχεδόν τις παραμορφώσεις σου"
"and when I consider your kindness, I hardly notice your deformities"
«Ναι, ναι», είπε το θηρίο, «η καρδιά μου είναι καλή
"Yes, yes," said the Beast, "my heart is good
"αλλά παρόλο που είμαι καλός, εξακολουθώ να είμαι ένα τέρας"
"but although I am good, I am still a monster"
"Υπάρχουν πολλοί άντρες που αξίζουν αυτό το όνομα περισσότερο από εσένα"
"There are many men that deserve that name more than you"
"και σε προτιμώ όπως είσαι"
"and I prefer you just as you are"
"και σε προτιμώ περισσότερο από αυτούς που κρύβουν μια αχάριστη καρδιά"
"and I prefer you more than those who hide an ungrateful heart"
«Αν είχα λίγη λογική», απάντησε το θηρίο
"if only I had some sense," replied the Beast

"Αν είχα νόημα θα έκανα ένα καλό κομπλιμέντο για να σε ευχαριστήσω"
"if I had sense I would make a fine compliment to thank you"
"αλλά είμαι τόσο βαρετή"
"but I am so dull"
«Μπορώ μόνο να πω ότι σας είμαι πολύ υποχρεωμένος»
"I can only say I am greatly obliged to you"
η ομορφιά έφαγε ένα χορταστικό δείπνο
Beauty ate a hearty supper
και είχε σχεδόν νικήσει τον τρόμο της για το τέρας
and she had almost conquered her dread of the monster
αλλά ήθελε να λιποθυμήσει όταν το θηρίο της έκανε την επόμενη ερώτηση
but she wanted to faint when the Beast asked her the next question
«Ομορφιά, θα γίνεις γυναίκα μου;»
"Beauty, will you be my wife?"
πήρε λίγο χρόνο για να μπορέσει να απαντήσει
she took some time before she could answer
γιατί φοβόταν μην τον θυμώσει
because she was afraid of making him angry
επιτέλους, όμως, είπε "όχι, θηρίο"
at last, however, she said "no, Beast"
αμέσως το καημένο το τέρας σφύριξε πολύ τρομακτικά
immediately the poor monster hissed very frightfully
και ολόκληρο το παλάτι αντήχησε
and the whole palace echoed
αλλά η ομορφιά σύντομα συνήλθε από τον τρόμο της
but Beauty soon recovered from her fright
γιατί το θηρίο μίλησε ξανά με πένθιμη φωνή
because Beast spoke again in a mournful voice
"τότε αντίο, ομορφιά"
"then farewell, Beauty"
και γύριζε μόνο πίσω που και που
and he only turned back now and then
να την κοιτάζει καθώς έβγαινε έξω

to look at her as he went out
τώρα η ομορφιά ήταν πάλι μόνη
now Beauty was alone again
ένιωθε μεγάλη συμπόνια
she felt a great deal of compassion
«Αλίμονο, είναι χίλια κρίμα»
"Alas, it is a thousand pities"
"Οτιδήποτε τόσο καλό είναι να μην είναι τόσο άσχημο"
"anything so good natured should not be so ugly".
η καλλονή πέρασε τρεις μήνες πολύ ικανοποιημένη στο παλάτι
Beauty spent three months very contentedly in the palace
κάθε απόγευμα το θηρίο την επισκεπτόταν
every evening the Beast paid her a visit
και μίλησαν κατά τη διάρκεια του δείπνου
and they talked during supper
μιλούσαν με κοινή λογική
they talked with common sense
αλλά δεν μίλησαν με αυτό που οι άνθρωποι αποκαλούν πνευματώδη
but they didn't talk with what people call wittiness
η ομορφιά πάντα ανακάλυπτε κάποιο πολύτιμο χαρακτήρα στο θηρίο
Beauty always discovered some valuable character in the Beast
και είχε συνηθίσει την παραμόρφωσή του
and she had gotten used to his deformity
δεν φοβόταν πια την ώρα της επίσκεψής του
she didn't dread the time of his visit anymore
τώρα κοίταζε συχνά το ρολόι της
now she often looked at her watch
και ανυπομονούσε να είναι εννιά η ώρα
and she couldn't wait for it to be nine o'clock
γιατί το θηρίο δεν έχασε ποτέ να έρθει εκείνη την ώρα
because the Beast never missed coming at that hour
υπήρχε μόνο ένα πράγμα που αφορούσε την ομορφιά

there was only one thing that concerned Beauty
κάθε βράδυ πριν πάει για ύπνο το θηρίο της έκανε την ίδια ερώτηση
every night before she went to bed the Beast asked her the same question
το τέρας τη ρώτησε αν θα ήταν γυναίκα του
the monster asked her if she would be his wife
μια μέρα του είπε, "θηρίο, με κάνεις πολύ ανήσυχο"
one day she said to him, "Beast, you make me very uneasy"
«Μακάρι να μπορούσα να συναινέσω να σε παντρευτώ»
"I wish I could consent to marry you"
"αλλά είμαι πολύ ειλικρινής για να σε κάνω να πιστέψεις ότι θα σε παντρευόμουν"
"but I am too sincere to make you believe I would marry you"
«Ο γάμος μας δεν θα γίνει ποτέ»
"our marriage will never happen"
«Θα σε βλέπω πάντα σαν φίλο»
"I shall always see you as a friend"
"Προσπαθήστε να είστε ικανοποιημένοι με αυτό"
"please try to be satisfied with this"
«Πρέπει να είμαι ικανοποιημένος με αυτό», είπε το θηρίο
"I must be satisfied with this," said the Beast
«Ξέρω τη δική μου ατυχία»
"I know my own misfortune"
"αλλά σε αγαπώ με την πιο τρυφερή στοργή"
"but I love you with the tenderest affection"
«Ωστόσο, θα έπρεπε να θεωρώ τον εαυτό μου ευτυχισμένο»
"However, I ought to consider myself as happy"
"Και θα χαίρομαι που θα μείνεις εδώ"
"and I should be happy that you will stay here"
«Υπόσχεσέ μου να μην με αφήσεις ποτέ»
"promise me never to leave me"
η ομορφιά κοκκίνισε με αυτά τα λόγια
Beauty blushed at these words
μια μέρα η ομορφιά κοιτούσε στον καθρέφτη της

one day Beauty was looking in her mirror
ο πατέρας της είχε ανησυχήσει άρρωστος για εκείνη
her father had worried himself sick for her
λαχταρούσε να τον ξαναδεί περισσότερο από ποτέ
she longed to see him again more than ever
«Θα μπορούσα να υποσχεθώ ότι δεν θα σε αφήσω ποτέ εντελώς»
"I could promise never to leave you entirely"
"αλλά έχω τόσο μεγάλη επιθυμία να δω τον πατέρα μου"
"but I have so great a desire to see my father"
«Θα στεναχωριόμουν απίστευτα αν μου πεις όχι»
"I would be impossibly upset if you say no"
«Προτιμώ να πεθάνω εγώ», είπε το τέρας
"I had rather die myself," said the monster
«Προτιμώ να πεθάνω παρά να σε κάνω να νιώθεις ανησυχία»
"I would rather die than make you feel uneasiness"
«Θα σε στείλω στον πατέρα σου»
"I will send you to your father"
«θα μείνεις μαζί του»
"you shall remain with him"
"και αυτό το άτυχο θηρίο θα πεθάνει με θλίψη"
"and this unfortunate Beast will die with grief instead"
«Όχι», είπε η καλλονή κλαίγοντας
"No," said Beauty, weeping
«Σε αγαπώ πάρα πολύ για να είμαι η αιτία του θανάτου σου»
"I love you too much to be the cause of your death"
"Σου δίνω την υπόσχεσή μου να επιστρέψω σε μια εβδομάδα"
"I give you my promise to return in a week"
«Μου έδειξες ότι οι αδερφές μου είναι παντρεμένες»
"You have shown me that my sisters are married"
"και τα αδέρφια μου πήγαν στρατό"
"and my brothers have gone to the army"

«Αφήστε με να μείνω μια εβδομάδα με τον πατέρα μου, γιατί είναι μόνος»
"let me stay a week with my father, as he is alone"
«Θα είσαι εκεί αύριο το πρωί», είπε το θηρίο
"You shall be there tomorrow morning," said the Beast
"αλλά θυμήσου την υπόσχεσή σου"
"but remember your promise"
"Χρειάζεται μόνο να βάλεις το δαχτυλίδι σου σε ένα τραπέζι πριν πέσεις για ύπνο"
"You need only lay your ring on a table before you go to bed"
«Και μετά θα σε φέρουν πίσω πριν το πρωί»
"and then you will be brought back before the morning"
«Αντίο καλή μου ομορφιά», αναστέναξε το θηρίο
"Farewell dear Beauty," sighed the Beast
η ομορφιά πήγε για ύπνο πολύ λυπημένη εκείνο το βράδυ
Beauty went to bed very sad that night
γιατί δεν ήθελε να δει θηρίο τόσο ανήσυχη
because she didn't want to see Beast so worried
το επόμενο πρωί βρέθηκε στο σπίτι του πατέρα της
the next morning she found herself at her father's home
χτύπησε ένα μικρό κουδούνι δίπλα στο κρεβάτι της
she rung a little bell by her bedside
και η υπηρέτρια έκανε μια δυνατή κραυγή
and the maid gave a loud shriek
και ο πατέρας της έτρεξε πάνω
and her father ran upstairs
νόμιζε ότι θα πέθαινε από χαρά
he thought he was going to die with joy
την κράτησε στην αγκαλιά του για ένα τέταρτο της ώρας
he held her in his arms for quarter of an hour
τελικά τελείωσαν οι πρώτοι χαιρετισμοί
eventually the first greetings were over
η ομορφιά άρχισε να σκέφτεται να σηκωθεί από το κρεβάτι

Beauty began to think of getting out of bed
αλλά συνειδητοποίησε ότι δεν είχε φέρει ρούχα
but she realized she had brought no clothes
αλλά η υπηρέτρια της είπε ότι είχε βρει ένα κουτί
but the maid told her she had found a box
ο μεγάλος κορμός ήταν γεμάτος τουαλέτες και φορέματα
the large trunk was full of gowns and dresses
κάθε φόρεμα ήταν καλυμμένο με χρυσό και διαμάντια
each gown was covered with gold and diamonds
η ομορφιά ευχαρίστησε τον θηρίο για την ευγενική του φροντίδα
Beauty thanked Beast for his kind care
και πήρε ένα από τα πιο απλά φορέματα
and she took one of the plainest of the dresses
σκόπευε να δώσει τα άλλα φορέματα στις αδερφές της
she intended to give the other dresses to her sisters
αλλά σε αυτή τη σκέψη το σεντούκι με τα ρούχα εξαφανίστηκε
but at that thought the chest of clothes disappeared
Το θηρίο είχε επιμείνει ότι τα ρούχα ήταν μόνο για εκείνη
Beast had insisted the clothes were for her only
ο πατέρας της της είπε ότι έτσι ήταν
her father told her that this was the case
και αμέσως το μπαούλο των ρούχων ξαναγύρισε
and immediately the trunk of clothes came back again
η καλλονή ντύθηκε η ίδια με τα νέα της ρούχα
Beauty dressed herself with her new clothes
και στο μεταξύ υπηρέτριες πήγαν να βρουν τις αδερφές της
and in the meantime maids went to find her sisters
και η αδερφή της ήταν με τους συζύγους τους
both her sister were with their husbands
αλλά και οι δύο αδερφές της ήταν πολύ δυστυχισμένες
but both her sisters were very unhappy

η μεγαλύτερη αδερφή της είχε παντρευτεί έναν πολύ όμορφο κύριο
her eldest sister had married a very handsome gentleman
αλλά αγαπούσε τόσο τον εαυτό του που παραμέλησε τη γυναίκα του
but he was so fond of himself that he neglected his wife
η δεύτερη αδερφή της είχε παντρευτεί έναν πνευματώδη άντρα
her second sister had married a witty man
αλλά χρησιμοποίησε την εξυπνάδα του για να βασανίσει τους ανθρώπους
but he used his wittiness to torment people
και βασάνιζε περισσότερο τη γυναίκα του
and he tormented his wife most of all
οι αδερφές της καλλονής την είδαν ντυμένη σαν πριγκίπισσα
Beauty's sisters saw her dressed like a princess
και αρρώστησαν από φθόνο
and they were sickened with envy
τώρα ήταν πιο όμορφη από ποτέ
now she was more beautiful than ever
η στοργική της συμπεριφορά δεν μπορούσε να καταπνίξει τη ζήλια τους
her affectionate behaviour could not stifle their jealousy
τους είπε πόσο χαρούμενη ήταν με το θηρίο
she told them how happy she was with the Beast
και η ζήλια τους ήταν έτοιμη να σκάσει
and their jealousy was ready to burst
Κατέβηκαν στον κήπο για να κλάψουν για την ατυχία τους
They went down into the garden to cry about their misfortune
«Με ποιον τρόπο αυτό το μικρό πλάσμα είναι καλύτερο από εμάς;»
"In what way is this little creature better than us?"
«Γιατί να είναι τόσο πιο χαρούμενη;»
"Why should she be so much happier?"

«Αδερφή», είπε η μεγαλύτερη αδερφή
"Sister," said the older sister
"Μια σκέψη μου ήρθε στο μυαλό"
"a thought just struck my mind"
"Ας προσπαθήσουμε να την κρατήσουμε εδώ για περισσότερο από μια εβδομάδα"
"let us try to keep her here for more than a week"
"ίσως αυτό εξοργίσει το ανόητο τέρας"
"perhaps this will enrage the silly monster"
"γιατί θα είχε παραβιάσει τον λόγο της"
"because she would have broken her word"
«και τότε μπορεί να την καταβροχθίσει»
"and then he might devour her"
«Είναι υπέροχη ιδέα», απάντησε η άλλη αδερφή
"that's a great idea," answered the other sister
«Πρέπει να της δείξουμε όσο το δυνατόν περισσότερη ευγένεια»
"we must show her as much kindness as possible"
οι αδερφές έκαναν αυτό το ψήφισμά τους
the sisters made this their resolution
και συμπεριφέρθηκαν πολύ στοργικά στην αδερφή τους
and they behaved very affectionately to their sister
η καημένη ομορφιά έκλαψε από χαρά από όλη τους την καλοσύνη
poor Beauty wept for joy from all their kindness
όταν έληξε η εβδομάδα, έκλαιγαν και έσκισαν τα μαλλιά τους
when the week was expired, they cried and tore their hair
έδειχναν τόσο λυπημένοι που την αποχωρίζονταν
they seemed so sorry to part with her
και η ομορφιά υποσχέθηκε να μείνει μια εβδομάδα παραπάνω
and Beauty promised to stay a week longer
Στο μεταξύ, η ομορφιά δεν μπορούσε να μην σκεφτεί τον εαυτό της

In the meantime, Beauty could not help reflecting on herself
ανησύχησε τι έκανε στο καημένο θηρίο
she worried what she was doing to poor Beast
ξέρει ότι τον αγαπούσε ειλικρινά
she know that she sincerely loved him
και λαχταρούσε πολύ να τον ξαναδεί
and she really longed to see him again
τη δέκατη νύχτα που πέρασε και στον πατέρα της
the tenth night she spent at her father's too
ονειρευόταν ότι ήταν στον κήπο του παλατιού
she dreamed she was in the palace garden
και ονειρεύτηκε ότι είδε το θηρίο απλωμένο στο γρασίδι
and she dreamt she saw the Beast extended on the grass
φάνηκε να την κατακρίνει με μια ετοιμοθάνατη φωνή
he seemed to reproach her in a dying voice
και την κατηγόρησε για αχαριστία
and he accused her of ingratitude
η καλλονή ξύπνησε από τον ύπνο της
Beauty woke up from her sleep
και ξέσπασε σε κλάματα
and she burst into tears
«Δεν είμαι πολύ κακός;»
"Am I not very wicked?"
«Δεν ήταν σκληρό εκ μέρους μου που φέρθηκα τόσο άσχημα στο θηρίο;»
"Was it not cruel of me to act so unkindly to the Beast?"
"Το θηρίο έκανε τα πάντα για να με ευχαριστήσει"
"Beast did everything to please me"
«Φταίει που είναι τόσο άσχημος;
"Is it his fault that he is so ugly?"
«Φταίει που έχει τόσο λίγη εξυπνάδα;»
"Is it his fault that he has so little wit?"
«Είναι ευγενικός και καλός και αυτό αρκεί»
"He is kind and good, and that is sufficient"
«Γιατί αρνήθηκα να τον παντρευτώ;»
"Why did I refuse to marry him?"

«Θα έπρεπε να είμαι χαρούμενος με το τέρας»
"I should be happy with the monster"
«Κοίτα τους άντρες των αδερφών μου»
"look at the husbands of my sisters"
"Ούτε η πνευματώδης, ούτε το να είσαι όμορφος τους κάνει καλούς"
"neither wittiness, nor a being handsome makes them good"
"κανένας από τους συζύγους τους δεν τους κάνει ευτυχισμένους"
"neither of their husbands makes them happy"
«αλλά η αρετή, η γλυκύτητα της ιδιοσυγκρασίας και η υπομονή»
"but virtue, sweetness of temper, and patience"
«Αυτά τα πράγματα κάνουν μια γυναίκα ευτυχισμένη»
"these things make a woman happy"
"και το θηρίο έχει όλες αυτές τις πολύτιμες ιδιότητες"
"and the Beast has all these valuable qualities"
"Είναι αλήθεια, δεν νιώθω την τρυφερότητα της στοργής για αυτόν"
"it is true; I do not feel the tenderness of affection for him"
«Αλλά θεωρώ ότι του τρέφω τη μεγαλύτερη ευγνωμοσύνη»
"but I find I have the highest gratitude for him"
«Και τον εκτιμώ πολύ»
"and I have the highest esteem of him"
«Και είναι ο καλύτερός μου φίλος»
"and he is my best friend"
«Δεν θα τον κάνω μίζερο»
"I will not make him miserable"
«Αν ήμουν τόσο αχάριστος δεν θα συγχωρούσα ποτέ τον εαυτό μου»
"If were I to be so ungrateful I would never forgive myself"
η ομορφιά έβαλε το δαχτυλίδι της στο τραπέζι
Beauty put her ring on the table
και πήγε ξανά στο κρεβάτι
and she went to bed again

ήταν σπάνια στο κρεβάτι πριν την πάρει ο ύπνος
scarce was she in bed before she fell asleep
ξύπνησε ξανά το επόμενο πρωί
she woke up again the next morning
και ήταν πολύ χαρούμενη που βρέθηκε στο παλάτι του θηρίου
and she was overjoyed to find herself in the Beast's palace
φόρεσε ένα από τα ωραιότερα φορέματά της για να τον ευχαριστήσει
she put on one of her nicest dress to please him
και περίμενε υπομονετικά το βράδυ
and she patiently waited for evening
ήρθε η πολυπόθητη ώρα
at last the wished-for hour came
το ρολόι χτύπησε εννιά, αλλά κανένα θηρίο δεν εμφανίστηκε
the clock struck nine, yet no Beast appeared
τότε η ομορφιά φοβήθηκε ότι ήταν η αιτία του θανάτου του
Beauty then feared she had been the cause of his death
έτρεξε κλαίγοντας σε όλο το παλάτι
she ran crying all around the palace
αφού τον αναζήτησε παντού, θυμήθηκε το όνειρό της
after having sought for him everywhere, she remembered her dream
και έτρεξε στο κανάλι του κήπου
and she ran to the canal in the garden
εκεί βρήκε το καημένο θηρίο απλωμένο
there she found poor Beast stretched out
και ήταν σίγουρη ότι τον είχε σκοτώσει
and she was sure she had killed him
πετάχτηκε πάνω του χωρίς κανένα φόβο
she threw herself upon him without any dread
η καρδιά του χτυπούσε ακόμα
his heart was still beating
πήρε λίγο νερό από το κανάλι

she fetched some water from the canal
και του έριξε το νερό στο κεφάλι
and she poured the water on his head
το θηρίο άνοιξε τα μάτια του και μίλησε στην ομορφιά
the Beast opened his eyes and spoke to Beauty
«**Ξέχασες την υπόσχεσή σου**»
"You forgot your promise"
«**Ήμουν τόσο ραγισμένη που σε έχασα**»
"I was so heartbroken to have lost you"
«**Αποφάσισα να λιμοκτονήσω**»
"I resolved to starve myself"
"**αλλά έχω την ευτυχία να σε ξαναδώ**"
"but I have the happiness of seeing you once more"
"**Έτσι έχω τη χαρά να πεθάνω ικανοποιημένος**"
"so I have the pleasure of dying satisfied"
«**Όχι, αγαπητό κτήνος**», είπε η καλλονή, «**δεν πρέπει να πεθάνεις**»
"No, dear Beast," said Beauty, "you must not die"
«**Ζήσε για να γίνεις άντρας μου**»
"Live to be my husband"
"**Από αυτή τη στιγμή σου δίνω το χέρι μου**"
"from this moment I give you my hand"
"**και ορκίζομαι να μην είμαι άλλος παρά δικός σου**"
"and I swear to be none but yours"
"**Αλίμονο! Νόμιζα ότι είχα μόνο μια φιλία για σένα**"
"Alas! I thought I had only a friendship for you"
«**Αλλά η θλίψη που νιώθω τώρα με πείθει·**»
"but the grief I now feel convinces me;"
"**Δεν μπορώ να ζήσω χωρίς εσένα**"
"I cannot live without you"
η ομορφιά σπάνια είχε πει αυτά τα λόγια όταν είδε ένα φως
Beauty scarce had said these words when she saw a light
το παλάτι άστραφτε από φως
the palace sparkled with light
πυροτεχνήματα φώτισαν τον ουρανό

fireworks lit up the sky
και ο αέρας γέμισε μουσική
and the air filled with music
όλα έδιναν ειδοποίηση για κάποιο σπουδαίο γεγονός
everything gave notice of some great event
αλλά τίποτα δεν μπορούσε να κρατήσει την προσοχή της
but nothing could hold her attention
στράφηκε στο αγαπημένο της θηρίο
she turned to her dear Beast
το θηρίο για το οποίο έτρεμε από φόβο
the Beast for whom she trembled with fear
αλλά η έκπληξή της ήταν μεγάλη με αυτό που είδε!
but her surprise was great at what she saw!
το θηρίο είχε εξαφανιστεί
the Beast had disappeared
αντίθετα είδε τον ωραιότερο πρίγκιπα
instead she saw the loveliest prince
είχε βάλει τέλος στο ξόρκι
she had put an end to the spell
ένα ξόρκι κάτω από το οποίο έμοιαζε με θηρίο
a spell under which he resembled a Beast
αυτός ο πρίγκιπας άξιζε όλη της την προσοχή
this prince was worthy of all her attention
αλλά δεν μπορούσε να μην ρωτήσει πού ήταν το θηρίο
but she could not help but ask where the Beast was
«Τον βλέπεις στα πόδια σου», είπε ο πρίγκιπας
"You see him at your feet," said the prince
«Μια κακή νεράιδα με είχε καταδικάσει»
"A wicked fairy had condemned me"
«Έπρεπε να παραμείνω σε αυτή τη φόρμα μέχρι που μια όμορφη πριγκίπισσα συμφώνησε να με παντρευτεί»
"I was to remain in that shape until a beautiful princess agreed to marry me"
"Η νεράιδα έκρυψε την κατανόησή μου"
"the fairy hid my understanding"

"Ήσουν ο μόνος αρκετά γενναιόδωρος που σε γοητεύει η καλοσύνη της ιδιοσυγκρασίας μου"
"you were the only one generous enough to be charmed by the goodness of my temper"
η ομορφιά ξαφνιάστηκε ευτυχώς
Beauty was happily surprised
και έδωσε το χέρι της στον γοητευτικό πρίγκιπα
and she gave the charming prince her hand
πήγαν μαζί στο κάστρο
they went together into the castle
και η ομορφιά χάρηκε που βρήκε τον πατέρα της στο κάστρο
and Beauty was overjoyed to find her father in the castle
και όλη η οικογένειά της ήταν επίσης εκεί
and her whole family were there too
ακόμη και η όμορφη κυρία που εμφανίστηκε στο όνειρό της ήταν εκεί
even the beautiful lady that appeared in her dream was there
«Ομορφιά», είπε η κυρία από το όνειρο
"Beauty," said the lady from the dream
"έλα να λάβεις την ανταμοιβή σου"
"come and receive your reward"
"προτιμάς την αρετή από την εξυπνάδα ή την εμφάνιση"
"you have preferred virtue over wit or looks"
"και σου αξίζει κάποιος στον οποίο ενώνονται αυτές οι ιδιότητες"
"and you deserve someone in whom these qualities are united"
"θα γίνεις μεγάλη βασίλισσα"
"you are going to be a great queen"
«Ελπίζω ότι ο θρόνος δεν θα μειώσει την αρετή σου»
"I hope the throne will not lessen your virtue"
τότε η νεράιδα στράφηκε προς τις δύο αδερφές
then the fairy turned to the two sisters
«Έχω δει μέσα στις καρδιές σου»

"I have seen inside your hearts"
"Και ξέρω όλη την κακία που περιέχει η καρδιά σου"
"and I know all the malice your hearts contain"
"Εσείς οι δύο θα γίνετε αγάλματα"
"you two will become statues"
"αλλά θα έχεις το μυαλό σου"
"but you will keep your minds"
«Θα σταθείς στις πύλες του παλατιού της αδερφής σου»
"you shall stand at the gates of your sister's palace"
"Η ευτυχία της αδερφής σου θα είναι η τιμωρία σου"
"your sister's happiness shall be your punishment"
"Δεν θα μπορέσεις να επιστρέψεις στις προηγούμενες πολιτείες σου"
"you won't be able to return to your former states"
"εκτός αν παραδεχτείτε και οι δύο τα λάθη σας"
"unless, you both admit your faults"
"αλλά προβλέπω ότι θα παραμείνετε πάντα αγάλματα"
"but I am foresee that you will always remain statues"
«Η υπερηφάνεια, ο θυμός, η λαιμαργία και η αδράνεια μερικές φορές κατακτώνται»
"pride, anger, gluttony, and idleness are sometimes conquered"
" Αλλά η μεταστροφή των φθονερών και κακόβουλων μυαλών είναι θαύματα"
"but the conversion of envious and malicious minds are miracles"
αμέσως η νεράιδα έδωσε ένα εγκεφαλικό με το ραβδί της
immediately the fairy gave a stroke with her wand
και σε μια στιγμή μεταφέρθηκαν όλα όσα ήταν στην αίθουσα
and in a moment all that were in the hall were transported
είχαν πάει στα κτήματα του πρίγκιπα
they had gone into the prince's dominions
οι υπήκοοι του πρίγκιπα τον δέχτηκαν με χαρά
the prince's subjects received him with joy

ο ιερέας παντρεύτηκε την ομορφιά και το θηρίο
the priest married Beauty and the Beast
και έζησε μαζί της πολλά χρόνια
and he lived with her many years
και η ευτυχία τους ήταν πλήρης
and their happiness was complete
γιατί η ευτυχία τους θεμελιώθηκε στην αρετή
because their happiness was founded on virtue

Το Τέλος
The End

www.ingramcontent.com/pod-product-compliance
Lightning Source LLC
Chambersburg PA
CBHW012010090526
44590CB00026B/3953